Le président

Texte de Stéphanie Ledu
Illustrations de Pascal Baltzer

MILAN

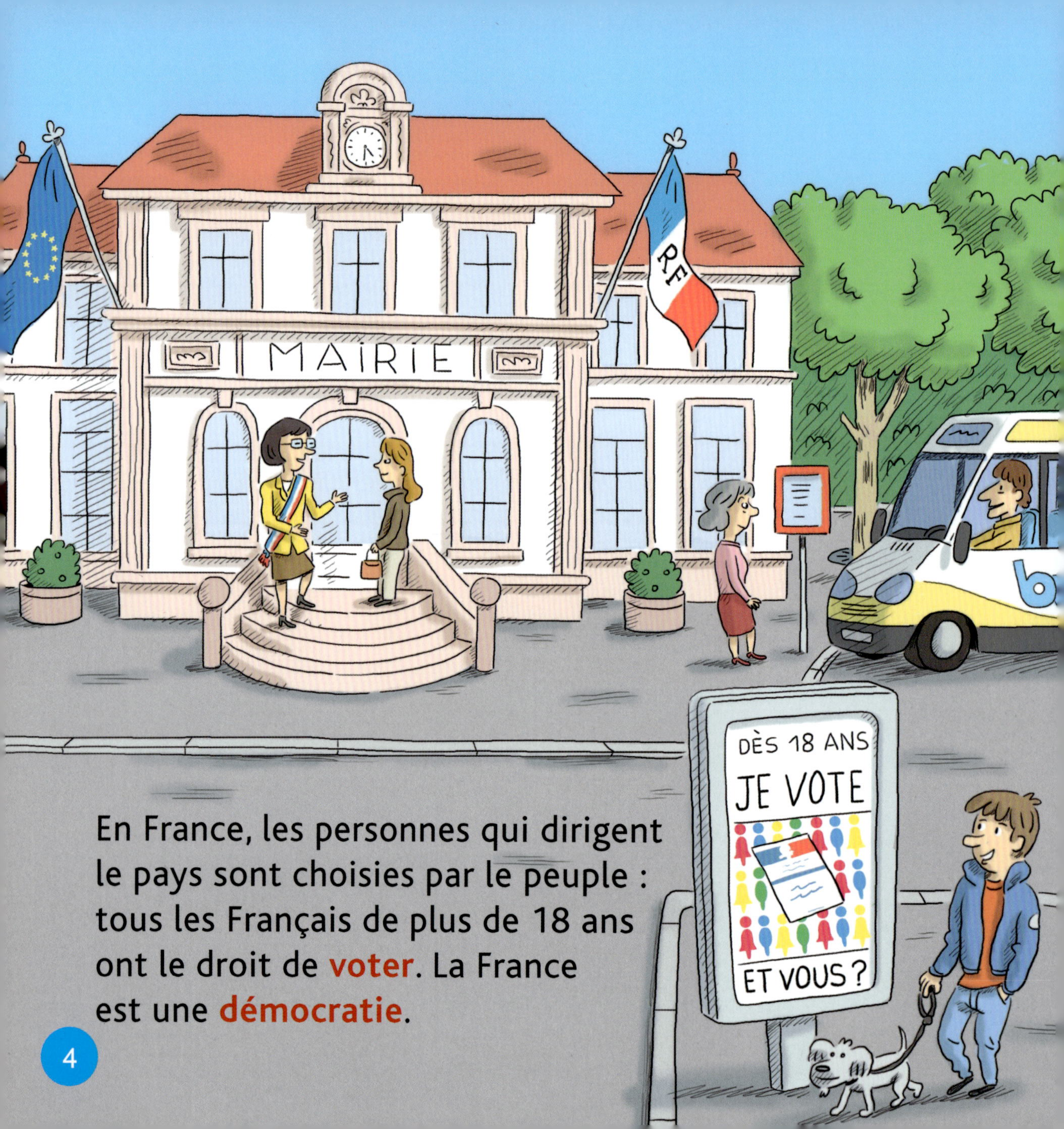

En France, les personnes qui dirigent le pays sont choisies par le peuple : tous les Français de plus de 18 ans ont le droit de **voter**. La France est une **démocratie**.

Par exemple, les habitants votent pour élire le maire de leur ville. Il gère les dépenses de la commune, et prend des décisions pour que tout le monde s'y sente bien !

Et qui est à la tête du pays ? C'est le **chef de l'État**, ou **président de la République**. Il est élu tous les 5 ans.

L'élection approche ! Des candidats se présentent. Ils ont des idées pour améliorer la vie des Français.

Chacun explique son **programme** dans des réunions, à la radio, à la télé… pour convaincre un maximum de gens de voter pour lui.

Tiens, les partisans d'Anne Martin distribuent son tract sur le marché.
« Voulez-vous le lire ? »

L’élection du président a lieu en deux fois.
Au premier tour, il y a parfois
plus de dix **candidats** !

Au **bureau de vote**, chaque électeur présente sa carte d'identité. Il se rend dans l'**isoloir**, tire le rideau, et met en secret son **bulletin** dans une enveloppe.

Puis il la glisse dans cette grande **urne** transparente.
« A voté ! », dit le chef du bureau.

Après le premier tour, il ne reste plus que les deux candidats qui ont fait les meilleurs scores.

Un grand **débat** les oppose à la télévision. C'est un moment très attendu par tous les Français !

Deux semaines après le premier tour, on retourne aux urnes. Entre Anne Martin et Paul Dubois, qui va gagner ?

C'est Paul Dubois ! Ses partisans laissent éclater leur joie, tandis que ceux d'Anne Martin sont très déçus...

Quelques jours plus tard, il devient officiellement **président de la République** lors d'une cérémonie.

Le **portrait** de Paul Dubois sera affiché dans toutes les mairies durant son mandat. Hop, le voici accroché au mur !

Au travail ! À présent, le président va mener sa **politique**, les grandes idées qu'il a choisies pour la France.

Il nomme un **Premier ministre**, qui doit les mettre en pratique avec l'aide de ses **ministres**.

Chacun s'occupe d'un sujet important : l'école, la défense, la santé...

Le mercredi, le président et le gouvernement (tous les ministres) se réunissent pour discuter de l'état du pays. C'est le **Conseil des ministres** !

L'**emploi du temps** du président est très chargé.
Aujourd'hui, il reçoit par exemple un spécialiste de l'écologie.

Celui-ci lui propose des solutions pour lutter contre la pollution et protéger les animaux menacés de disparition. Le président y réfléchira ensuite avec ses **conseillers**.

Ses rendez-vous vont ainsi se succéder toute la journée !

Au fait, où vit le président ? Au **palais de l'Élysée**. Cette belle demeure ancienne est située à Paris, près des Champs-Élysées. Depuis 150 ans, c'est là qu'est installée la présidence de la République.

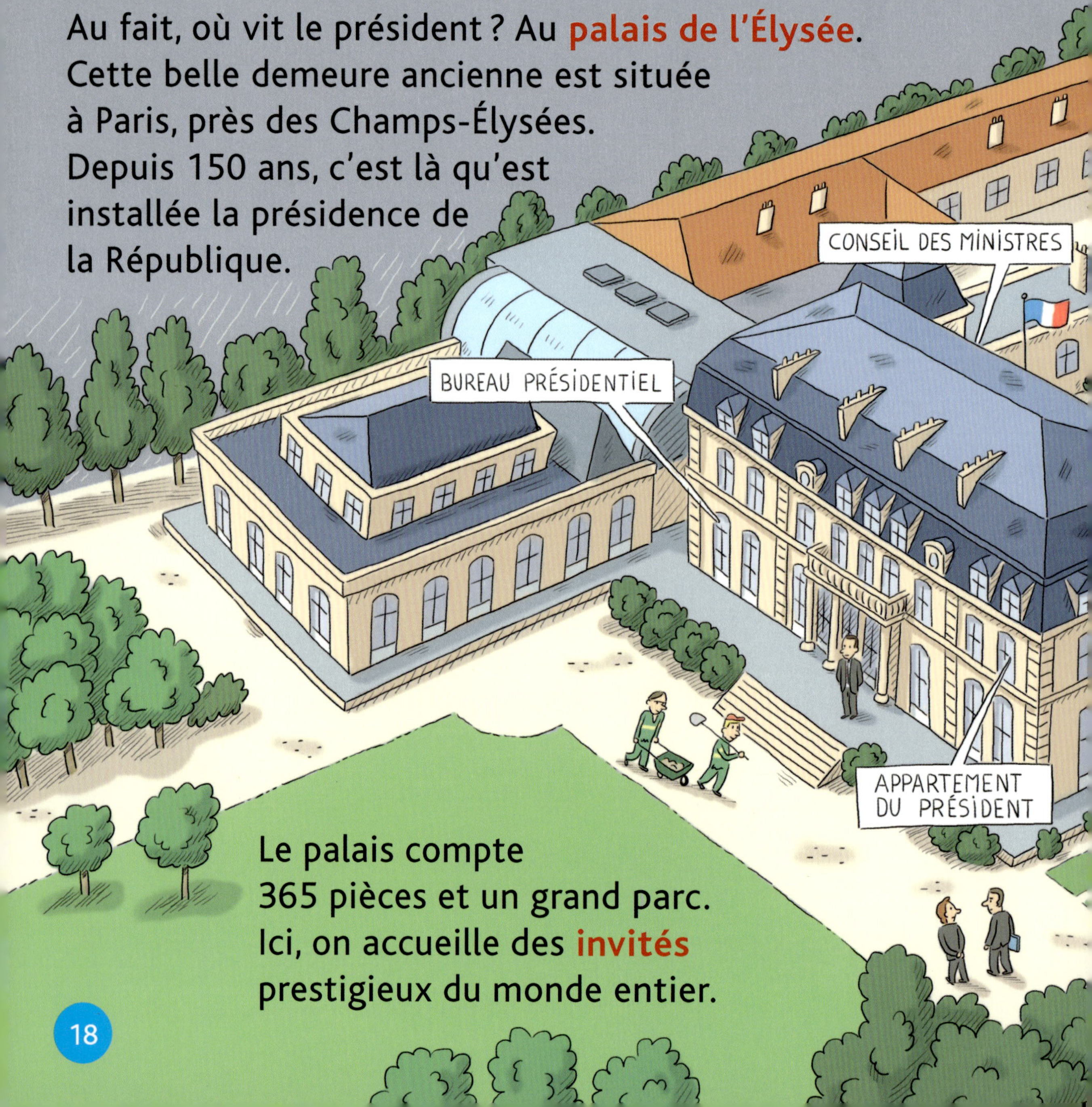

Le palais compte 365 pièces et un grand parc. Ici, on accueille des **invités** prestigieux du monde entier.

Environ 1 000 personnes y travaillent :
les collaborateurs du président, mais aussi
des cuisiniers, des fleuristes, des maîtres d'hôtel...

Le président va régulièrement à la rencontre des **citoyens**.
Il visite une école ou une usine, inaugure un hôpital...

Le président doit aussi représenter la France : son avion l'emmène tout autour de la Terre rencontrer d'autres chefs d'État. Entretenir des relations de paix avec les pays étrangers, c'est essentiel ! Cela s'appelle la **diplomatie**.

Tu imagines que, être président, c'est comme être roi ? Mais non : il ne commande pas tout. En France, chacun a un rôle précis :

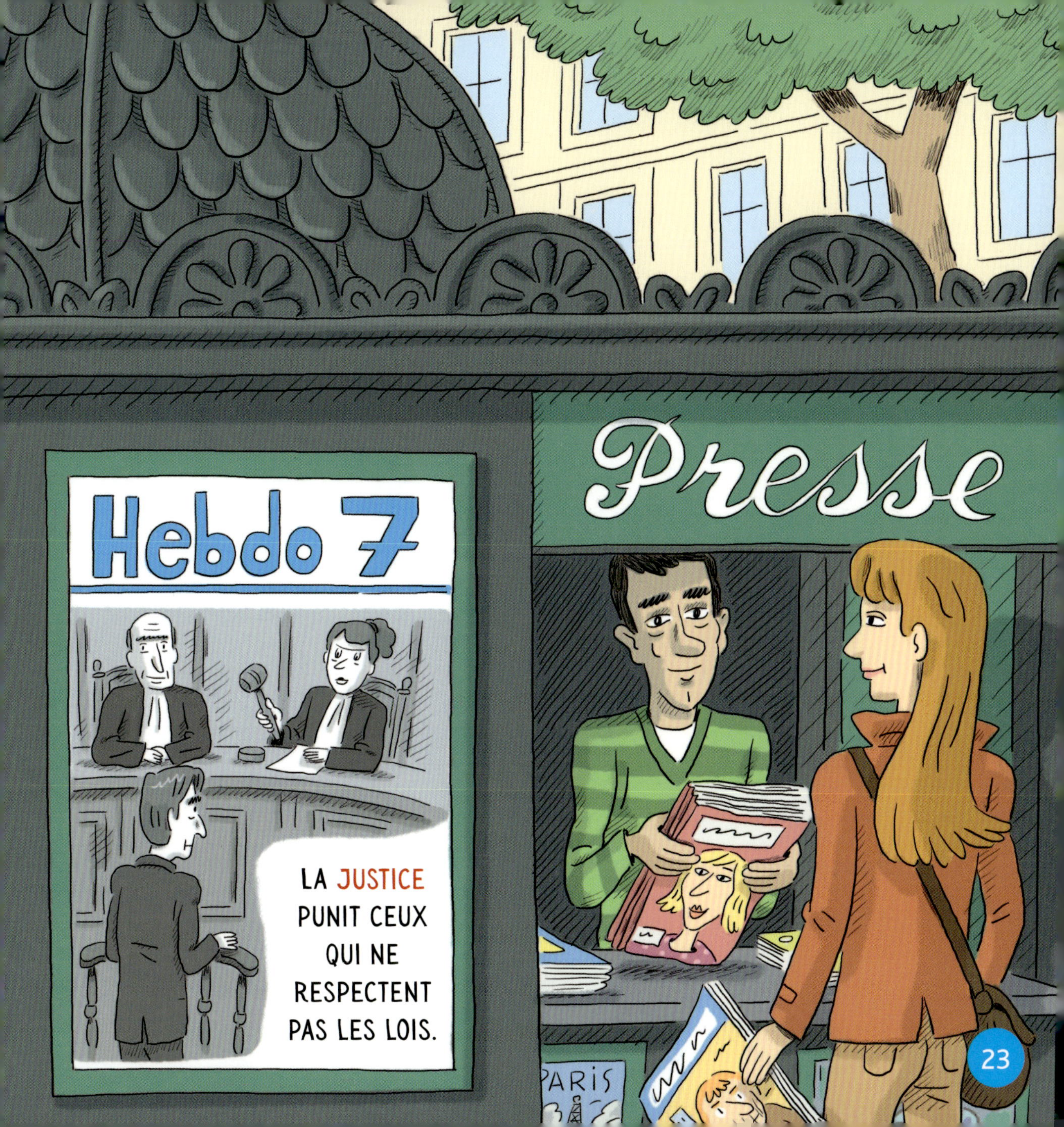
Presse
Hebdo 7
LA JUSTICE PUNIT CEUX QUI NE RESPECTENT PAS LES LOIS.
PARIS

Voici un autre rôle très important : celui de **chef des armées**. Le président est responsable de la sûreté du pays.

En cas de menace ou d'attaque, il doit immédiatement réagir !

Le 14 juillet, jour de la **fête nationale**, il passe les troupes en revue lors du grand défilé sur les Champs-Élysées. Garde-à-vous !

Être président, c'est très intéressant, mais pas toujours facile.
Tout le monde n'est pas d'accord avec lui.

Certaines actions de son gouvernement plaisent aux Français, d'autres moins... ou pas du tout. Et parfois ils le font savoir en **manifestant** !

Les partisans d'Anne Martin, eux, le critiquent très souvent. Ils font partie de l'**opposition**.

À la fin de son **quinquennat**, Paul Dubois aura le droit de se présenter une seconde fois à l'élection présidentielle. Le fera-t-il ? Il y réfléchit peut-être pendant ses quelques jours de congés d'été au **fort de Brégançon**.

Situé dans le sud de la France, c'est la résidence de vacances des présidents.

Et, s'il se représente, sera-t-il réélu ? Peut-être... peut-être pas !

Découvre tous les titres de la collection Mes P'tits DOCS

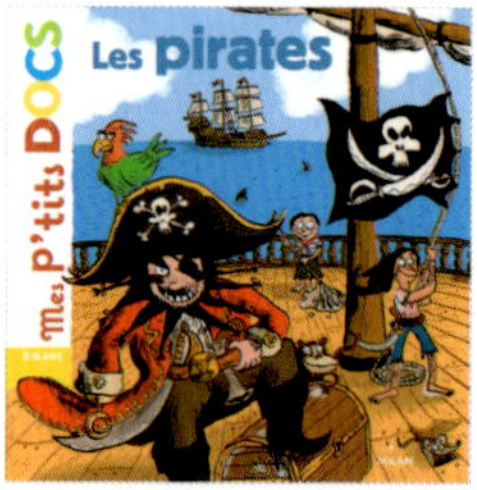

À table !
Au bureau
Le bébé
Le bricolage
Les camions
Le camping

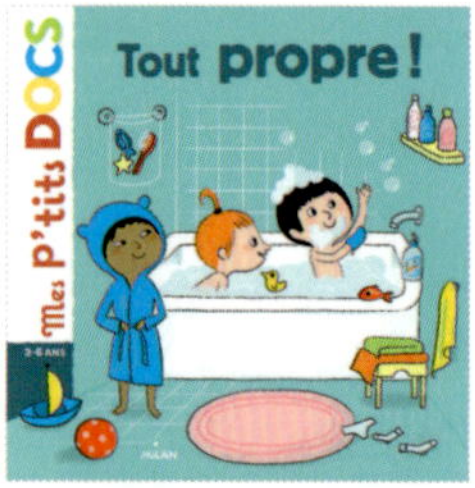

Le chantier
Les Cro-Magnon
Les dauphins
Le déménagement
Les dents
Les dinosaures

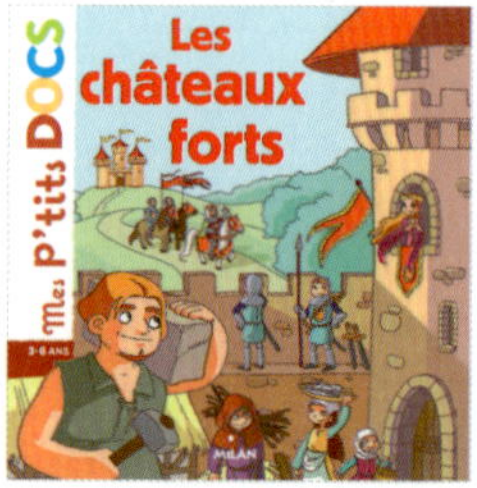

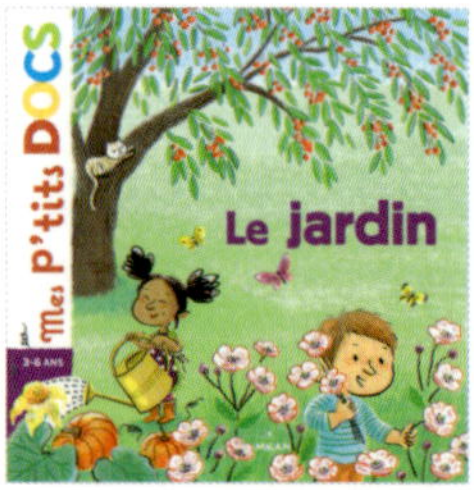

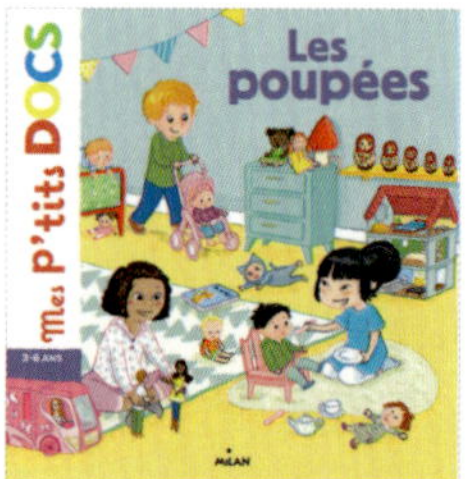

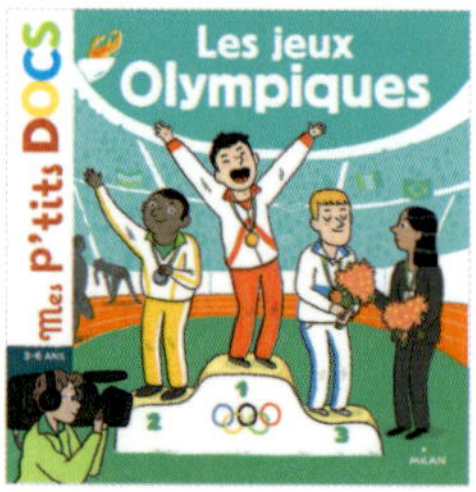

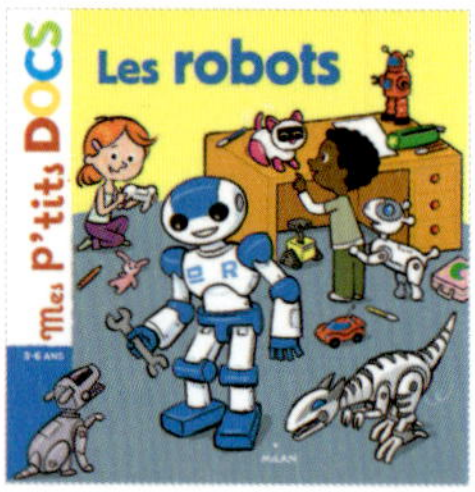

L'école maternelle
L'espace
La ferme
La fête foraine
Le football
Les fourmis